Richard Dautermann

Er aber schrie noch viel mehr...

AF002236

Richard Dautermann

Er aber schrie noch viel mehr...

Gebrauchsgeschichten zur Bibel

Fromm Verlag

Impressum / Imprint
Bibliografische Information der Deutschen Nationalbibliothek: Die Deutsche Nationalbibliothek verzeichnet diese Publikation in der Deutschen Nationalbibliografie; detaillierte bibliografische Daten sind im Internet über http://dnb.d-nb.de abrufbar.
Alle in diesem Buch genannten Marken und Produktnamen unterliegen warenzeichen-, marken- oder patentrechtlichem Schutz bzw. sind Warenzeichen oder eingetragene Warenzeichen der jeweiligen Inhaber. Die Wiedergabe von Marken, Produktnamen, Gebrauchsnamen, Handelsnamen, Warenbezeichnungen u.s.w. in diesem Werk berechtigt auch ohne besondere Kennzeichnung nicht zu der Annahme, dass solche Namen im Sinne der Warenzeichen- und Markenschutzgesetzgebung als frei zu betrachten wären und daher von jedermann benutzt werden dürften.

Bibliographic information published by the Deutsche Nationalbibliothek: The Deutsche Nationalbibliothek lists this publication in the Deutsche Nationalbibliografie; detailed bibliographic data are available in the Internet at http://dnb.d-nb.de.
Any brand names and product names mentioned in this book are subject to trademark, brand or patent protection and are trademarks or registered trademarks of their respective holders. The use of brand names, product names, common names, trade names, product descriptions etc. even without a particular marking in this works is in no way to be construed to mean that such names may be regarded as unrestricted in respect of trademark and brand protection legislation and could thus be used by anyone.

Verlag / Publisher:
Fromm Verlag
ist ein Imprint der / is a trademark of
OmniScriptum GmbH & Co. KG
Heinrich-Böcking-Str. 6-8, 66121 Saarbrücken, Deutschland / Germany
Email: info@frommverlag.de

Herstellung: siehe letzte Seite /
Printed at: see last page
ISBN: 978-3-8416-0511-5

Copyright © 2014 OmniScriptum GmbH & Co. KG
Alle Rechte vorbehalten. / All rights reserved. Saarbrücken 2014

Inhaltsverzeichnis

Vorwort des Autors   S. 2

„Er aber schrie noch viel mehr..."(Mk 10,48)   S. 3

Auf dem Weg ... (Lk 24, 13 - 35; Die Emmausjünger)   S. 4

zu 1.Mose 4,1-15 Die Geschichte von Kain und Abel
A) Karins Pickel   S. 6
B) Klaus wollte ausschlafen   S. 10
Der trübe Blick (Kain und Abel – Karin's Pickel - Nachtrag)   S. 13

Das Glück liegt auf der Straße (Pred. 9,11 Alles liegt an Zeit und Glück) S. 15

Mit Feuer vom Himmel (Apg 2,1-13 Das Pfingstwunder)   S. 17

Am Ende steht immer ein Neuanfang (Mk14, 12-25 Das Abendmahl)   S. 20

Gebote (2. Mose 34)   S. 25

Gospels und Spirituals. (Lk 16,19 - 31 Vom armen Lazarus)   S. 28

Herbert (Mt 18,12-14 Vom verlorenen Schaf)   S. 32

„...dann habe ich Pech gehabt." (Mk 12,31 Nächstenliebe)   S. 34

Wenn ich das gewusst hätte (Lk 10,25-37 Der Barmherzige Samariter) S. 37

Viele Teamer- ein Team (1.Kor 12,12-31 Ein Leib – viele Glieder)   S. 39

Zwillinge (Offenbarung 21 Ein neuer Himmel, eine neue Erde)   S. 41

Vorwort

Ich liebe es mit Geschichten zu arbeiten. In Gesprächskreisen, in der Schule, im Konfirmandenunterricht und in der KiTa sowieso gibt es keinen besseren Zugang zu den Bibelgeschichten als mit Geschichten, die biblische Motive als Grundlage haben.

Zu Weihnachten gibt es da ganz viele und auch ganz ausgezeichnete. Auch zu Ostern habe ich einiges gefunden, aber so im Alltag, zu Themen, die ich z.B. mit den Konfirmanden besprochen habe fehlten mir geeignete Geschichten. Also habe ich angefangen eigene zu schreiben. Zu meiner Überraschung kamen sie gut an.

Es war viel leichter über diese Geschichten an die biblischen Geschichten heran zu kommen. „Aha!, das hat ja etwas mit mir zu tun." Wenn eine solche Äußerung kam, wusste ich, es ist etwas gelungen.

Die Geschichten sind Gebrauchsgeschichten, das heißt, sie können angepasst oder verändert werden. Wenn es gar gelingt, eine Kollegin, einen Kollegen anzuregen, selbst zu schreiben, dann wäre das ein Erfolg dieses Büchleins.

Ich wünsche Erfolg und Spaß mit den Geschichten in den unterschiedlichen Gruppen von Gemeinden, in der Schule oder wo immer sie gelesen werden.

Versuch einer Entfaltung:

„Er aber schrie noch viel mehr..."(Mk 10,48)

„Halts Maul du Penner, was fällt dir ein den Jesus anzusprechen."
Bartimäus kannte die Ablehnung der Sehenden.
Er kannte die Vorwürfe:
Wer blind ist, ist es nicht ohne Grund.
Er wusste, sie hielten jede Krankheit für eine Strafe für begangene Sünden.
Aber von Jesus von Nazareth hatte er anderes gehört.
Jesus von Nazareth soll zu den Aussätzigen gegangen sein.
Er soll Lahme geheilt haben,
ja, auch von Blinden wurde erzählt, die er sehend gemacht habe.
Nein, er würde sich nicht zum Schweigen bringen lassen,
nicht von denen, die ihn verachteten.
Sollten sie ihn weiter anschreien.
Sollten sie ihn ruhig schlagen.
Er musste mit Jesus sprechen.
Er durfte diese einmalige Chance nicht vorüber gehen lassen.
Bartimäus hatte sich,
während er das alles dachte,
langsam erhoben
und schrie jetzt noch viel mehr:
„Jesus, du Sohn Davids, erbarme dich meiner!"

Auf dem Weg ... (Lk 24, 13 - 35; Die Emmausjünger)

„Ich werde damit nicht fertig, es war alles so klar, so lange er da war. Wenn wir rumdiskutierten und zweifelten, brachte er es mit wenigen Worten auf den Punkt und jetzt . . . Keiner weiß mehr, wo es lang geht."

Kleophas setzte einen Fuß vor den anderen. Er spürte weder die Steine unter seinen dünnen sohlen, noch nahm er die Nachmittagshitze wahr. Andreas, der neben ihm ging, starrte vor sich hin auf den Weg: „Er hat in letzter Zeit öfter mal so komische Dinge gesagt, - dass er nicht mehr lange da wäre, dass er zu seinem Vater ginge, - ich glaube langsam, er wusste, was auf ihn zukam. Wir wollten es nur nicht wahrhaben, und jetzt ist alles aus. Er ist tot, aus und vorbei."

„Und dann das dumme Geschwätz von den Weibern", fing Kleophas wieder an, „er sei nicht im Grab gewesen, ein Engel sei ihnen erschienen, er lebe. Toll!!! - Tot ist tot, das war's dann wohl!"

Andreas schaute auf. Immer noch ging sein Blick ins Leere, aber er wandte sich Kleophas zu. „Und was wäre, wenn es stimmte?" Seine Augen wurden klarer und füllten sich mit Leben, „Ja, was wäre, wenn er jetzt zu uns stoßen würde, hier auf unserem Weg nach Emmaus, sagen wir, so dass wir ihn nicht erkennen würden, und er würde uns fragen: ‚Von was redet ihr eigentlich?'," Kleophas schaute seinen Freund voller Unverständnis an. Aber Andreas war nicht mehr zu bremsen, er wurde immer lebhafter, es sprudelte richtig aus ihm heraus: „Ja! - stell dir doch mal vor, wir würden ihm erzählen, dass unser Meister, ein großer Prophet mächtig von Taten und Worten vor Gott und allem Volk, von den Römern ans Kreuz aufgehängt worden ist. Dass damit unsere Orientierung, unsere Mitte von uns genommen sei. Dass damit für uns alles vorbei sei. Stell dir das doch mal vor. Was würde Jesus dazu sagen, - na - was meinst du?"

Kleophas richtete seinen Blick nach vorne auf den Weg, der jetzt bis zum Horizont kerzen-gerade vor ihnen lag. Nach der langen Gerade, das wussten sie, führten noch einige Kurven in das kleine Tal, wo Emmaus lag. Die Sonne war weiter gewandert, und das rote Licht der Abendsonne mischte sich in das gleißend helle Licht des Tages. „Was würde Jesus dazu sagen", murmelte er vor sich hin. Er wandte sich wieder zu Andreas und schaute ihn nachdenklich an: „Er würde, stelle ich mir vor, er würde uns doch wahrscheinlich von den alten Propheten erzählen, er würde uns das Wort sagen: ‚der Gottesknecht muss leiden und in seine Herrlichkeit eingehen'." Die Schritte der beiden Freunde wurden fester. Sie schauten immer wieder nach vorne und sich gegenseitig an. Andreas übernahm jetzt wie-der: „Ja, genau, er würde uns erklären, dass es so kommen musste, dass dieser Tod nicht das Ende, sondern im Gegenteil, dass es erst der wirkliche Anfang sei. Dass es jetzt darauf ankommt, nicht zu resignieren, sondern seine Sache weiter zu treiben." „Ja, sicher", sagte Kleophas, „und …". Sie spielten sich jetzt auf ihrem weiteren Weg die Worte wie Bälle zu und waren schnell vor Emmaus. Den letzten Teil des Weges gingen sie schweigend nebeneinander her und hingen ihren Gedanken nach. „Lass uns in einer Herberge etwas essen", sagte Kleophas, „denn es will Abend werden und der Tag hat sich geneigt." Es kam ihnen fast vor, als seien sie zu dritt, als sie in die Herberge eintraten. Als sie sich wenig später beim Essen gegenseitig Brot gaben, erinnerten sie sich daran, wie Jesus das Brot brach, dankte und es ihnen gab und sie wussten in diesem Augenblick, dass die Frauen Recht hatten: Jesus war nicht tot, er lebte weiter. Ohne dass sie ein weiteres Wort sagen mussten, war klar, dass sie gleich morgen früh zurück nach Jerusalem zu den anderen gehen würden. Es musste weitergehen …

(zu 1.Mose 4,1-15 Die Geschichte von Kain und Abel)

A) Karins Pickel

„Mensch, das gibt's doch gar nicht, schon wieder ein Pickel. - Und schon wieder an der gleichen Stelle, links neben der Nase, genau ein Zentimeter unter dem Auge. Es ist zum Verzweifeln." Karin stand vorm Spiegel im Bad. Obwohl heute schulfreier Samstag war, war sie um 7.30 Uhr wach geworden, ohne Wecker und ohne, dass sie jemand geweckt hätte. „Jetzt hätte ich einmal ausschlafen können ... - typisch." Als sie gemerkt hatte, dass der Schlaf ihren Befehl zurückzukommen missachtete, war sie aufgestanden.- Wie sie wieder aussah: Das eine Hosenbein war über die Wade hochgerutscht, der „Dino" über ihrer Brust war total zerknittert, er schien zu wissen, dass sein aussterben nicht zu verhindern war.

Als sie den Rollladen hochzog, spürte sie, schon bevor sie etwas sehen konnte, dass es draußen regnete - natürlich, wenn sie mal frei hatte -, es war so ein ekliger Nieselregen, der einem jede Lust nimmt, irgendetwas zu tun.

Karin schaute auf den mit Clerasil getränkten Wattebausch, ein leichtes Kribbeln spürte sie neben ihrer Nase. Ihr Griff zum Clerasil-Stift war fast schon automatisch, obwohl sie wusste, dass sie spätestens am nächsten Morgen ein rotes Ei an der Stelle würde bewundern dürfen. Gut, dass erst am Montag wieder Schule war, vielleicht hatte sie ihn bis dahin im Griff, gut dass es diesen hautfarbenen Pickelstift gab.

Die Tür zum Bad öffnete sich langsam, und ein verschlafenes Gesicht erschien im Türspalt: „Mooooorgen, mein Kleines!" krächzte eine für diesen Tag noch ungeübte

Stimme. Karins Kopf war herumgeschnellt, gleichzeitig versuchte sie, den Pickelstift zu verstecken. Sie hasste es, wenn ihr Vater einfach, ohne Vorwarnung ins Bad kam. Sie hasste es, wenn er „mein Kleines" sagte, und sie hasste seinen Anblick, bevor er sich die Falten aus dem Gesicht gewaschen hatte.

„Mensch, ich hab' Dir schon tausendmal gesagt, Du sollst nicht einfach ins Bad kommen, wenn ich hier drin bin. Kann man in diesem Haus nirgends mal allein sein? - Ich könnte schreien!" Sie öffnete ihren Mund zu ihrem bekannten, kurzen aber schrillen Wutschrei.

„Ja, ja, schon gut Kleines, wir sind wohl wieder mal nicht so gut drauf, was? - Warum bist du denn schon so früh auf? Du hast doch heute keine Schule, oder? - Außerdem hab' ich dir schon tausendmal gesagt, dass in meinem Haus keine Türen abgeschlossen werden. Ich hasse Gefängnisse, auch selbstgemachte. - Ich muss mir doch nur schnell die Zähne putzen. -... früher hat dir das doch auch nichts ausgemacht, da waren wir oft zu viert im Bad." Karin ließ jetzt doch ihren Schrei los. Es war so typisch für ihren Vater, dass er gleichzeitig mehrere Fragen stellen konnte und ihre Wünsche einfach ignorierte.

Sie riss die Tür weiter auf und schob ihren Vater wieder aus der Tür. „Ja, ja ist ja schon gut...", hörte sie ihn, während sie schrie: „Früher konnte ich mich halt nicht wehren, jetzt will ich eben allein sein, wenn ich mich wasche und deshalb R A U S!" Zusammen mit dem „RAUS" knallte sie die Tür zu.

Noch ein verschlafenes Gesicht tauchte im Flur auf. Klaus steckte den Kopf aus seinem Zimmer: „Was ist denn hier schon wieder los? Ist euch eigentlich klar, dass heute Samstag ist...?" „Ja, ja Klaus", unterbrach ihn sein Vater flüsternd, „deine

Schwester hat mal wieder ihren Rappel, du weißt, mit dem linken Fuß zuerst aus dem Bett und so...".

Klaus atmete einmal tief durch und schloss die Tür.
Herr Müller schlurfte gemächlich durch die Küche und fing an mit der Vorbereitung für das gemeinsame, gemütliche Samstagmorgenfrühstück.

Eine Stunde später saßen sie alle vier zusammen beim Frühstück. Die einzige, die gut gelaunt war, war Frau Müller. Sie hatte vor zwei Monaten in ihrer alten Firma, in der sie gelernt hatte, eine Halbtagstelle angetreten, und seitdem war sie richtig gut drauf, so gut, dass es fast schon wieder nervte. So wie an diesem Morgen. Sie redete fast pausenlos, und Karin rollte ab und zu die Augen nach oben; ihr Pickel wuchs, das spürte sie förmlich, und ihre Mutter sprudelte die ganze Zeit über irgendwelche Sachen, die in diesen Wochen im Büro passiert waren. Sie lachte und versprühte geradezu Lebensfreude; und das an diesem Morgen, wo schon das Wetter draußen einen runterzog.
Sie sprach, wie immer, vor allem in Richtung von Klaus, - ihr Liebling -, und Klaus freute sich mit seiner Mutter.

Wie kann man sowas nur am frühen Morgen ertragen und sich auch noch mitfreuen?"
Klaus war sowieso derjenige, der immer alles richtigmachte. Er war jetzt fast 19 und hatte das Abitur, nicht gerade mit 1, aber doch ohne Schwierigkeiten gemacht, und nun machte er seit einem halben Jahr eine Lehre als Elektromechaniker und wollte später seinen Ingenieur machen. Genauso, wie es die Eltern gerne sahen. Immer wieder wurde er ihr als leuchtendes Beispiel vor Augen gestellt. „Schau' dir doch den Klaus an."

Auch jetzt saß er dabei, sprach mit der Mutter, und sie bekam noch nicht einmal richtig mit, über was sich die beiden unterhielten, einfach ätzend, wie der sich anbiederte. Manchmal hasste sie ihn.

Früher hatten sie ein richtig tolles Verhältnis, da konnten sie sich noch gemeinsam über die Eltern aufregen, aber in der letzten Zeit erklärte er ihr immer mehr, warum die Eltern so oder so reagierten. „Du kannst nicht immer alles haben!" hatte er ihr z. B. vor zwei Wochen erklärt, als sie die Eltern gefragt hatte, ob sie ihr nicht ein Cassettenradio kaufen könnten, so eins, wie Brigitte bekommen hatte.

Ohne seine dumme Bemerkung hätte sie den Vater vielleicht „rumkriegen" können.

Seit zwei Monaten hatte Klaus auch eine Freundin, alle sagten, wie nett sie aussähe - und überhaupt - ein tolles Mädchen.
Ihr gefiel sie eigentlich nicht besonders, obwohl sie eine schöne Haut hatte, „die hat bestimmt nicht mit Pickeln zu kämpfen" - ach, es war schon alles ziemlich schwer für Karin.

Für Klaus schien immer alles so leicht, also manchmal - ja - manchmal hätte sie ihren Bruder geradezu erschlagen können, obwohl sie ihn doch eigentlich liebte.
Karin griff mit ihrer linken Hand neben ihre Nase, und der Pickel wuchs weiter.

B) Klaus wollte ausschlafen

Im Zimmer war es dunkel. „Was war das eben? War das Traum, oder war das echt?"

Ein furchtbarer Schrei hatte Klaus aus dem Schlaf gerissen. Noch schwebte er zwischen Traum und Realität. Aber das mulmige Gefühl im Bauch war echt. „Ist irgendetwas passiert?" schoss es ihm durch den Kopf. Klaus fuhr mit einem Ruck hoch und saß aufrecht in seinem Bett. Die Möbel im Zimmer nahmen langsam Gestalt an. Er befand sich in seiner vertrauten Umgebung; aber: - „Was war das eben?"

Klaus hörte, dass draußen auf dem Flur gesprochen wurde. Er stand langsam auf, rieb sich die Augen und öffnete die Tür einen Spalt. Sein Vater stand vor ihm. „Was ist denn hier schon wieder los? Ist euch eigentlich klar, dass heute Samstag ist...?" „Ja, ja Klaus", unterbrach ihn sein Vater flüsternd, „deine Schwester hat mal wieder ihren Rappel, du weißt, mit dem linken Bein zuerst aus dem Bett und so..." Klaus atmete einmal tief durch und schloss die Tür.

„Typisch Karin, - absolut rücksichtslos; sie hat einfach kein Verständnis für die arbeitende Bevölkerung." dachte Klaus. Er legte sich wieder ins Bett, verschränkte die Arme hinter dem Kopf und dachte nach:

Irgendwie hatte er zurzeit eine Pechsträhne. Seit der Abi gemacht hatte, ging alles schief. Er hatte nicht gewusst, was er nach dem Abi anfangen sollte, und nun war er in der Lehre drin, die ihm absolut keinen Spaß machte. Wenn er hörte, wie Jens und Thomas abends, nach dem Tischtennistraining, von ihrem Studium erzählten ..., ja, die hatten ein lockeres Leben. Wenn sie erst um halb Zwei aus der Kneipe rauskamen, konnten die beiden ausschlafen. Sein Wecker klingelte um 6.30 Uhr gnadenlos. Dann war da noch die Trennung von Michaela. Als sie nach Stuttgart zog wegen ihres Studiums, hatten sie sich hoch und heilig versprochen, dass sie zusammenbleiben wollten. Und dann hatte sie diesen Typ kennengelernt, so einen glatten, coolen, absolut lockeren Schönling mit seinem VW-Cabrio.

Okay, er war auch nicht lange allein geblieben - und auf Sabrina hatte er schon lange ein Auge geworfen. Aber: was hatte dieser Typ in Stuttgart an sich, was er nicht hatte?

Mit Sabrina das lief ganz gut, - aber mit Michaela, das war irgendwie etwas anderes. Seine Eltern waren begeistert von „seiner neuen Freundin". Sie kam viel häufiger zu ihnen nach Hause, sie mochte auch Papa und Mama. Mama ist ja auch eine tolle Frau, seit sie wieder arbeitete, war sie unheimlich gut drauf. Aber trotzdem: die Erinnerungen an Michaela ließen ihn nicht los. Wenn er sich vorstellte, dass sie mit diesem Typ lachend und glücklich im offenen Cabrio durch Stuttgart fuhr, hätte er reinschlagen können. Klaus hörte seinen Vater in der Küche hantieren. Nun, da er sowieso wach war, konnte er auch aufstehen. Diese Karin, sein Schwesterherz - Papas Liebling. Die konnte sich in diesem Haus wirklich alles erlauben. Er wusste, dass er vor dem Frühstück mal wieder nicht ins Bad konnte: Fräulein Schwester hatte es zu ihrer Schönheitspflege belegt.

Schon als sie auf die Welt kam, war er, Klaus, nur noch die Nummer zwei. Seine Mutter hatte vorher noch gearbeitet, und er war jeden Tag bei der Oma. Nicht, dass er es bei der Oma nicht gut gehabt hätte, im Gegenteil, aber als die Prinzessin auf die Welt kam, blieb Mama „natürlich" zuhause. Er hatte lange kämpfen müssen, bis er wieder seinen Platz in der Familie gefunden hatte. Und trotzdem, wenn Karin irgendetwas haben wollte, setzte sie sich auf Papas Schoß und bekam es.

„Ich glaube", dachte Klaus, „das Cassettenradio, das Karin vor ein paar Wochen einfach so, ohne Geburtstag oder sonst etwas, haben wollte, war das erste, was sie mal nicht bekommen hatte."

Oh, war sie sauer gewesen - vor allem auf ihn, nur weil er gewagt hatte zu sagen: „Du kannst nicht immer alles haben." - Mensch, ist doch wahr! Es gab eine Zeit, wo sie sich richtig gut verstanden hatten: sie konnten sich gemeinsam über die Eltern aufregen, aber in der letzten Zeit war sie so ein richtiger Trotzkopf, - ja, und Papa entschuldigte sie - wie immer - : „Sie ist zur Zeit in einem schwierigen Alter." Schwieriges Alter hin oder her, sie nervte in letzter Zeit total.

Am Frühstückstisch erzählte die Mutter von ihrem Job. Klaus' Stimmung wurde besser, weil er es liebte, wenn seine Mutter mit glänzenden Augen so richtig begeistert erzählte. Klaus sah gelegentlich zu Karin `rüber, die teilnahmslos daneben saß und nur von Zeit zu Zeit die Augen verrollte. Mit der linken Hand griff sie ständig ins Gesicht, links neben der Nase. Klaus sah, dass dort anscheinend unter der gesichtsfarbenen Creme ein Pickel wuchs. Er hätte es sicher gar nicht wahrgenommen, wenn sie dauernd dorthin gefasst hätte. „Mensch, hat die Probleme!" dachte er. „Sie sieht doch wirklich gut aus! Ich glaube, es gibt niemanden, die sich das Leben so schwer macht, wie mein Schwesterlein!"
Er sah sie mit gemischten Gefühlen an: Manchmal könnte er sie knuddeln und würde alles für sie tun, ja er liebte sie wirklich, aber manchmal - ja manchmal...

Der trübe Blick (Kain und Abel – Karin's Pickel)

Karin saß traurig am Rheinufer und schaute den Schiffen zu, die ruhig und träge den Rhein auf und ab fuhren.

„So eine blöde Ziege!" sagte sie laut vor sich hin und warf wütend einen flachen Stein, der vor ihren Knien lag in die kleinen Wellen, die ein vorbeifahrendes Schiff gerade an das Ufer spülte. Karin hatte schon oft hier gesessen, an dieser Stelle, umgeben von hohen Bäumen; immer dann, wenn mal wieder etwas schief gelaufen war.

Hier war sie allein. Hier konnte sie gut nachdenken. „Immer macht die mich so blöd an! Ich wollte mich nicht mit ihr streiten. – So etwas nennt sich beste Freundin. – Die kann doch auch mal nachgeben.- Warum immer ich? – Diesmal kann sie lange warten." Wieder warf sie wütend einen kleinen auf das jetzt ruhig daliegende Wasser.

Warum hatten sie eigentlich Krach gekriegt, sie und Corinna? Sie wusste es gar nicht mehr. – Aber das war auf jeden Fall kein Grund ‚Zimtzicke' zu ihr zu sagen. Okay, sie hatte ja auch ‚Schleiereule' zu ihr gesagt, aber nur weil sie... Ja, was hatte sie eigentlich gesagt? Komisch eigentlich verstanden sie sich gut und eigentlich war Corinna ja auch wirklich in Ordnung. Noch heute Morgen hatte sie ihr in Deutsch aus der Patsche geholfen, als sie nicht mehr weiter wusste.

Karin nahm einen kleinen Zweig, der neben ihr lag und strich damit durch das Gras.

Eigentlich war es doch Blödsinn, wegen so einer Kleinigkeit (...sie wusste wirklich nicht mehr, wie es angefangen hatte und um was es ging...) so einen Streit zu bekommen.

„Ich glaube", dachte sie, „ich war nicht ganz unschuldig an der Sache."
Ihr Blick blieb an einem Schlepper hängen, der ruhig im Wasser liegend, langsam gegen die Strömung ankämpfte. Gleichmäßig tuckerte der Dieselmotor. Karin richtete sich auf, ihr trüber Blick, hellte sich auf:

„Ich glaube", sagte sie leise vor sich hin, „ich muss jetzt gleich Corinna anrufen und ihr sagen, dass es mir Leid tut. Es wäre furchtbar, wenn sie nicht mehr meine beste Freundin wäre..."

Das Glück liegt auf der Straße (Pred. 9,11 Alles liegt an Zeit und Glück)

Das Glück stand an der Ampel und überlegte: „Was soll ich tun. Die Menschen wollen mich nicht. Sie wollen Glück, aber nicht mich. Sie wollen mich haben. Ich bin aber nicht zu haben." Glück kann man nicht haben. Glück kann man nur erleben.

Es wurde Grün, aber das Glück stand immer noch am Zebrastreifen. „wenn ich doch nur im Lotto gewinnen würde!", hatte die Frau gerufen, die das Glück schon vor zwei Stunden besucht hatte. Sie konnte das Glück, das vor ihr stand nicht fassen, weil sie auf den Lottogewinn wartete. Weil es nun wieder nicht geklappt hat, es waren die falschen Glückszahlen, ist sie unglücklich. „Hätte ich nur dieses neue Superauto, welch eine Freude wäre das!", hatte der Mann gesagt und sehnsüchtig hinter dem Maserati her geschaut, anstatt sich zum Glück umzudrehen.

Die Leute kamen zur Ampel, blieben stehen und gingen bei Grün. Die ganze Zeit stand da das Glück, aber niemand nahm es wahr, niemand wollte das Glück an der Straße erleben. Sie hetzten alle weiter. Ein Kind an der Hand seiner Mutter quängelte und sagte die ganze Zeit: „Krieg ich eine Wii? Kaufst du mir den IPod? Krieg ich die Playstation, komm schon, sag ma'?" „Bist du dann zufrieden!" schrie die Mutter völlig genervt. „Dann wär ich glücklich, Mami!" Der Junge stieß mit seiner Schulter gegen das Glück. „Kannst du nicht aufpassen!" schnauzte er und stieß das Glück von sich. „Er drehte sich zur Mutter: „Krieg ich jetzt die Wii..." „Nerv mich nicht..." „Mensch...,". Die Tränen stiegen ihm in die Augen.

Das Glück schaute hinter dem Jungen her. „Er will mich auch nicht wirklich." Das Glück ging los. Die Ampel war auf Grün und es schloss sich dem Strom der Menschen an, die über die Straße hetzten, auf der Suche nach – ja, nach was eigentlich. Wohl nach Dingen, die sie haben wollten. Die sie noch unbedingt brauchten. Das Glück wurde herum geschubst, weil es nicht so hetzen wollte und bumm viel das Glück hin. Es purzelte auf die Straße. „Schau mal Mami, das Glück liegt auf der Straße," sagte ein kleines Kind zu seinem Vater. Aber der zerrte es nur weiter. „Erzähl nicht so ein Unsinn. Los komm, du wolltest doch noch in den Spielwarenladen." „Abber, abber,...", sagte das Kind. Es hatte keine Chance, es wurde weiter gezerrt. Weg vom Glück, das auf der Straße lag, hin zum Einkaufsparadies.

Manchmal ist das Glück und die wirkliche Freude da, wo ihr sie gar nicht vermutet. Es ist nicht zu haben, sondern freut euch darauf, Glück zu erleben.

Mit Feuer vom Himmel (Apg 2,1-13 Das Pfingstwunder)

„Das war vielleicht eine Relistunde..."

Auf dem Schulhof war das alltägliche Geschrei und Gerenne der Unterstufe. In der Raucherecke waren etwa ein Dutzend Leute der 12 versammelt, selbst einige militante Nichtraucher standen in der Runde. Alle schienen sehr nachdenklich zu sein. „Was war denn heute nur mit dem Schmidt los?" unterbrach Sabrina die Stille. „Ich weiß auch nicht, " schloss Thomas an, „so habe ich den Schmidt noch nie erlebt, das war ja mal echt stark, wie der plötzlich Feuer gefangen hat. Ich weiß gar nicht mehr, was er genau gesagt hat, aber ich hatte einfach das Gefühl: Er hat recht." „Als der plötzlich angefangen hat, was Jesus für ihn bedeutet", warf Car-la ein, „habe ich gedacht, ich spinne, jetzt will der uns hier missionieren, aber dann fand ich es richtig gut." „Ich dacht' der wär' besoffen..., " Corinna war diejenige, die am liebsten mit dem Relilehrer diskutierte. Sie hatte schon ganze Unterrichtsvorhaben von Herrn Schmidt über den Haufen geschmissen mit ihren hochphilosophischen Anmerkungen über die Existenz Gottes, die Unmöglichkeit der Jungfrauengeburt oder über die angeblichen Wunder Jesu.

„Was hat er gesagt über die Bedeutung von Jesus in seinem Leben: Seine Gespräche mit Jesus hätten ihm geholfen über manche Klippen in seinem Leben." „Ich fand das echt stark, " sagte Devrim, „dass ausgerechnet der Schmidt etwas über seine Probleme bei seiner Scheidung erzählt hat, irgendwie klang das ziemlich echt. Ich habe ihn richtig vor mir gesehen, wie er in der Toskana in den schönen alten Kirchen vor einem Kruzifix kniet und mit Eurem Jesus redet. Ich habe ihm das abgenommen, dass ihm das wirklich Antworten gegeben hat, also nicht ER hat ihm geantwortet sondern, dass er sich da hingekniet hat und das formuliert hat, das hat ihm Antworten gegeben."

„Vielleicht hat dann doch ER geantwortet, ich mein', das ist dann doch eine Frage der Interpretation", ausgerechnet Lars, der Reli nur gewählt hatte, weil er es als Ausgleichsfach in der Hinterhand haben wollte, hatte das gesagt. Alle schauten ihn verwundert an. „Ja das hat mich wirklich sehr beeindruckt, was der Schmidt heute gebracht hat. Zum ersten Mal habe ich et-was von dem verstanden, was ansonsten für mich nur fromme Sprüche waren." „Genau," sagte Thomas, „das mit der Auferstehung zum Beispiel; wie er da gesagt hat, dass es nicht darum geht, dass dieser Jesus von Nazareth den Stein weg geschoben hat und aus dem Grab gekrabbelt ist, sondern dass seine Anhänger nach der ersten Resignation endlich kapiert haben, dass die Sache, die er vertreten hat, nicht tot ist, sondern weitergeht und dass das heute auch noch gilt. So könnte ich vielleicht sogar diesen Satz vom Pfarrer in der Kirche verstehen, dass Jesus lebt und regiert von Ewigkeit zu Ewigkeit." „Mmmh", murmelte Corinna zustimmend, „oder dieser Psalm von David, den er zitiert hat, wie war der noch mal: Ich habe den Herrn allezeit vor Augen, denn er steht mir zur Rechten, damit ich nicht wanke." „Oh ja, den hätte ich gestern Abend gebraucht, als ich aus der Kneipe kam!" Oli war gerade zu der Gruppe gestoßen und hatte den letzten Satz von Corinna gehört. Alle schauten kurz hoch zu Oli, aber niemand konnte sich auch nur ein Lächeln abringen. Corinna blitzte ihn wütend an: „Du fand'st es natürlich mal wieder urkomisch eben in Reli, was?" „Ach, um den Schmidt ging's gerade."

Oli schaute Verzeihung heischend in die Runde, „Nö, ich fand das ehrlich geil. Endlich mal 'en Pauker, der nicht irgendwelche seelenloses Zeug plappert, sondern einer, der von sich erzählt und noch so, dass man es ihm abnehmen kann. Ich werd' zwar nicht in die nächste Kirche rennen und den Mann am Kreuz bitten, dass ich meine Frauengeschichten endlich mal auf die Reihe kriege, aber ich kann jetzt besser akzeptieren, warum meine Mutter fast jeden Sonntag in die Kirche geht..." und als alle ihn ziemlich erstaunt anschauten fügte er verstärkend hinzu „Ja, ehrlich..."

Am Ende steht immer ein Neuanfang (Mk14, 12-25 Das Abendmahl)

Es sah nicht gut aus! Jonas und Mirijam saßen etwas abseits. Sie lagerten unter einem uralten Ölbaum und hatten einen herrlichen Blick über Jerusalem. Diese Stadt, die so völlig gegensätzliche Gefühle in ihnen wachrief. Eine Stadt auf Hügeln gebaut, herrlich anzusehen, sie pulsierte, da war Leben drin. König David, König Salomon und viele andere Könige hatten hier residiert. Propheten hatten sie verherrlicht und verflucht - ja auch verflucht. Sie hatten sie als Hure bezeichnet, die ihre Schönheit jedem gab, der oder auch die Macht über sie gewann.

Und das, so waren sie sich einig, war jetzt mal wieder soweit. Sie, das waren Männer und Frauen, die sich in den letzten Jahren um Jesus von Nazareth versammelt hatten. Die Hure Jerusalem hatte sich mal wieder mit dem Mächtigen (diesmal war es Rom) ins Bett gelegt. Die Herrschenden, die Reichen, die die immer oben sind hatten sich arrangiert mit den Römern. Man ließ ihnen den Tempel und ihre Religion, gab ihnen ein paar Almosen und wollte in Ruhe ihre Pax Romana, was sie den „römischen Frieden" nannten über Israel, ja über die ganze Welt ausbreiten.
Aber ihr Prunk und Machtgelüste kosteten natürlich Geld, also pressten sie aus ihren Provinzen so viel wie möglich heraus. Sie wussten also, von dem, was sie erarbeiteten, wurde ein großer Teil vom Kaiser in Rom einfach abgezockt. Deshalb hatten sie, Jonas und Mirijam und die meisten anderen alles hingeschmissen und waren diesem Mann gefolgt, der durch seine Reden und durch seine Taten so viel Hoffnung verbreitete.

Sie hatten sich oft überlegt, was es war, wieso es ihnen so gut ging, wenn er eine seiner Geschichten erzählte oder wenn er mit Kranken, Behinderten oder Blinden sprach, sich ihnen zuwendete anstatt sie zu verachten; wenn er sie heilte, vielleicht anders, als sie sich das vorher vorgestellt hätten aber wenn sie gingen waren sie geheilt. Sie hatten so viel mit diesem Jesus erlebt.

Auch Verzweiflung hatten sie erlebt; ihn, auf den sie doch alle ihre Hoffnung stützen, hatten sie wütend und verzweifelt erlebt, als er die Geschäftemacher aus dem Tempel, getrieben hatte, aber auch wenn er das Gefühl hatte, selbst wir, die jetzt so lange mit ihm zusammen waren, verstanden ihn nicht. Sie waren aber auch ein zusammengewürfelter Haufen, vom sanftmütigen Träumer bis zum wildesten Aktionisten war alles bei ihnen vertreten.

„Ich kann mir nicht vorstellen, wie es ohne ihn sein wird." Die Stimme von Jonas kam wie von einem anderen Stern in die Gedankengänge von Mirijam. „Was sagst du, du meinst, wenn Jesus nicht mehr da wäre. Nein, das kann ich mir nicht vorstellen. Ich will es mir auch gar nicht vorstellen. Schau doch mal, wie Simon, der Zelot und der Eiferer Judas, wieder auf ihn einreden. Seit wir hier sitzen dringen sie in ihn, weil ihnen zu wenig passiert. Sie möchten ihn sehen, als den Messias, der mit dem Flammenschwert alles in Ordnung bringt. Oh, Gott, wenn er nicht mehr da wäre, würden wir uns vielleicht gegenseitig die Köpfe einschlagen."

„Ja, aber er hat doch in letzter Zeit öfter solche Bemerkungen gemacht, dass er nicht mehr lange bei uns bleiben könnte. Ich glaube er hat Angst, die Römer könnten ihre Drohungen wahr machen." Mirijam wurde nachdenklich: „Aber er tut doch niemandem etwas..." Jonas fiel ihr ins Wort: „Ja, er nicht, aber er bringt andere in Bewegung und vor Bewegung haben alle Machthaber Angst, sie möchten nicht, dass jemand an ihrem Machtgefüge rüttelt. Und wenn die da oben Angst bekommen, machen sie Druck nach unten, das war schon immer so..."

Andreas und Jokobus, zwei der ältesten Jünger von Jesus waren aufgestanden und zu Jesus gegangen. Sie fragten ihn, wo er mit ihnen das Passahmahl feiern wolle. Simon und Judas, die neben ihm saßen verrollten die Augen, nach feiern war ihnen nicht zumute. Natürlich das Passahfest, war ein guter Termin um endlich „loszuschlagen", von überall kamen die Juden in ihre Stadt Jerusalem, aber sie selbst brauchten vielleicht eine Einsatzbesprechung aber kein Passahmahl.

Jesus gab eine seiner verwirrenden Antworten, wie er sie oft gab: „Geht in die Stadt zu Zebedäus und sagt zu ihm: der Meister lässt dir sagen: Meine Zeit ist da; bei dir will ich mit meinen Jüngern das Passahmahl feiern." Mirijam hatte Simon beobachtet, als Jesus diese Antwort gab: Bei „Meine Zeit ist da;" sprühten seine Augen vor Triumph, aber er runzelte sofort wieder die Stirn bei dem Nach-satz, dass Jesus das Passahmahl feiern wollte.

Das war einer der Tricks von Jesus: mit einfachsten Mittel brachte er sie zum Nachdenken; er zwang sie zur Auseinandersetzung, da war nichts glatt, eindeutig oder einfach; er gab keine Antworten zum Ausruhen sondern er weckte sie auf. „Ohne ihn läuft nichts mehr." sagte Mirijam, mehr zu sich selbst als zu Jonas, der traurig auf den Boden blickte. Simon und Judas und die anderen um sie hatten doch recht, sie mussten etwas tun: Reden, Geschichten erzählen, Einzelnen etwas Gutes tun war ja gut und richtig, aber es konnte doch nicht alles sein.

Wenn sich die Zustände, die Rahmenbedingungen nicht änderten, war doch alles für die Katz. Die Römer mussten aus Israel verschwinden, damit sie wieder nach den Geboten Jahwes, ihres Gottes leben konnten. Die Römer gehen nicht freiwillig, also mussten sie nachhelfen.

Es wurde langsam dunkel und Jesus forderte sie auf, ihn zum Passahmahl zu begleiten. Auch wenn einige vorher gemotzt hatten, alle folgten ihm selbstverständlich, das gehörte auch zur Kraft, die von Jesus ausging.

(Ich steige mal kurz aus der Geschichte aus und möchte euch ebenfalls bitten, zum Tisch zu kommen. Im Abendmahl erinnern wir uns nach fast 2000 Jahren an dieses letzte Passahmahl von Jesus mit seinen Jüngern. Setzt Euch mit uns hier um den Altar, wie ihr Platz findet und in dieser Runde will ich weiter machen mit der Geschichte)

Also, auch Mirijam und Jonas sind natürlich dabei. Ihnen ist ein Essen bereitet worden nach jüdischer Tradition, als Erinnerung an die Flucht des Volkes Israel aus der Sklaverei in Ägypten. In dieser Tradition fühlten sie sich wohl, auch heute geht es um Freiheit und Befreiung aus den unter-schiedlichsten Versklavungen.

Sie aßen und tranken, ihre Gespräche wurden lauter und lustiger, die Fröhlichkeit des Passahfestes drang sozusagen zu ihnen, bis... ja bis sie alle die Stimme von Jesus vernahmen: „Einer von Euch wird mich verraten!" Wieder eine Bemerkung, die saß. Es war jetzt absolut still. Wie ein Rad, das abrupt gestoppt wurde, lief die Unterhaltung langsam wieder an: Ungläubiges: „Was hat er gesagt?" Verwirrtes: „Einer von uns?" bis zu zweifelndem: „Bin ich es?" „Einer, der mit mir aus der gleichen Schüssel isst!" Jesu Worte brachte die Versammlung wieder zum Schweigen. Mirijam war bestürzt: Verrat aus den eigenen Reihen auch noch aus dem nächsten Umfeld von Jesus, unvorstellbar. Sie saßen da, feierten die Befreiung aus der Sklaverei und ausgerechnet da ist einer unter ihnen, der Jesus verrät. Aber ihre Verwirrung sollte noch größer werden, denn mitten in diese Stimmung von Verwirrung, Wut und Resignation stand Jesus auf, nahm das Brot, dankte gab es seinen Jüngern mit den Worten:

„Nehmt und esst alle davon, dies ist mein Leib, der für euch gegeben wird. Tut dies zu meinem Gedächtnis." (Pause und Austeilung)

Desgleichen nahm er auch den Kelch, sprach das Dankgebet darüber und sagte: „Nehmt und trinkt alle daraus, dieser Kelch ist der Neue Bund in meinem Blut, das vergossen wird zur Vergebung eurer Sünden, tut dies sooft ihr daraus trinkt zu meinem Gedächtnis." (Pause und Austeilung)

Genau das war es, was sie faszinierte an diesem Menschen, er konnte sie mit seinen Worten und seinen zeichenhaften Handlungen herausführen aus jeder Verzweiflung und jeder Resignation.

Mirijam wiederholte noch einmal für sich: Er, Jesus, hatte sich doch eben sozusagen von ihnen verabschiedet, sein Leib wird genommen und sein Blut wird vergossen und trotzdem machten seine Worte Mut: Er gibt sich für uns, er richtet einen Neuen Bund auf in seinem Blut. Es geht weiter auch ohne ihn, vielmehr es geht weiter mit ihm, selbst ohne ihn.

Sie schaute rüber zu Jonas, der ähnlichen Gedanken nachzuhängen schien.
„Das war kein Abschied", flüsterte sie, „das war ein Neuanfang..."

Gebote (2. Mose 34)

Ihr habt heute einiges über die 10 Gebote gehört. Vielleicht müsst Ihr sie sogar noch auswendig lernen. Du sollst nicht dies und du sollst nicht das...

Ihr habt auch gehört, dass die Gebote von Anfang an nicht als Verbote gemeint waren, sondern als Regeln, ohne die wir Menschen nicht zusammenleben können.

Ich komme gerade vom Handball spielen. Da ist die Regel z.B. dass der Ball nicht mit dem Fuß gespielt werden darf. Wenn ich jetzt sage: „Mir doch egal, ich spiele den Ball mit was ich will, Hand, Fuß, Nase, Ohr oder Knie...", wenn ich mich also an keine Regel, an kein Gebot halte macht das Spiel höchstens mir allein noch Spaß: Die anderen sagen irgendwann: „Spiel doch allein!" Spätestens dann macht es mir auch kein Spaß mehr. Also, Regeln sind wichtig, wenn Menschen was zusammen machen wollen, auch im richtigen Leben. Wenn Ihr Euch die 10 Gebote aus der Bibel mal genauer anschaut, merkt Ihr, dass das sehr vernünftige Regeln sind. Und so ist das mit der ganzen Religion, mit dem Christentum. Ohne Religion würde uns etwas fehlen. Die Religion sagt uns: Leben ist mehr als essen und trinken, schlafen und arbeiten.

Dazu eine kleine Geschichte: Christ sein, was issen das. Die Geschichte ist zwar erfunden, aber vielleicht wahrer als manche Geschichten, die tatsächlich passieren:

Christ-sein, was issen das? (Das höchste Gebot)

„Wie, du gehst jetzt in den Konfirmandenunterricht? Zusätzlich zur Schule, zum Handballtraining und zum Gitarrenunterricht, zwei Stunden in der Woche ins

Gemeindehaus gehen und dich vom Pfarrer zulabern lassen? Wieso machst'n das?" Thomas saß neben seinem Freund Klaus im Klassenraum der 7c. Thomas hatte gerade erzählt, dass er sich zum Konfi-Unterricht angemeldet hat.

„Reli reicht mir grad'...! schob Klaus noch hinterher. „Also, meine Schwester hat das vor zwei Jahren gemacht. Die fand das schon gut, vielleicht nicht gerade das Auswendiglernen, aber z.B. die Konfifreizeit und so... Außerdem hatten die interessante Themen über die sie geredet haben, von Gott und so!" „Ist doch alles Humbug." konterte Klaus. Herr Schröder, der Reli-Lehrer, kam gerade die Tür rein. „Pass mal auf, ich werd's dir zeigen."

Klaus meldete sich, noch bevor Herr Schröder sich gesetzt hatte. - Ausgerechnet Klaus, der sonst kaum was sagte und wenn dann, dass er sowieso nicht an Gott glaubt und Christ sein überhaupt blöd ist.

„Herr Schröder", sagte Klaus, wie aus heiterem Himmel, „ich werd' sofort Christ, wenn Sie mir das Wichtigste des Christentums sagen können in der Zeit, in der ich auf einem Bein stehen kann."

Der Reli-Lehrer war total verdutzt, er dachte nach, dachte an die Paradiesgeschichte, an Kain und Abel, an Noah, an die zehn Gebote, an die Propheten, an die Weihnachtsgeschichte an die Gleichnisse von Jesus, die Wundergeschichten, an Kreuz und Auferstehung und schon sagte Klaus: „Ja, war wohl nix, ich kann nicht ewig auf einem Bein stehen." Triumphierend setzte sich Klaus wieder hin.
„Siehst'e, was hab ich dir gesagt." raunte er zu Thomas rüber.
Die Schule war rum und Thomas war immer noch beeindruckt von der Aktion seines Freundes.

Inzwischen saß er im Gemeindehaus und der Konfi-Unterricht sollte jeden Moment beginnen. Als der Pfarrer reinkam meldete er sich spontan und sagte das gleiche, wie Klaus am Morgen: „Ich werde sofort Christ, wenn Sie mir das Wichtigste des Christentums sagen können, in der Zeit, in der ich auf einem Bein stehen kann!" Und schon stand Thomas ein Fuß angezogen vor seinem Pfarrer.

Der war im Gegensatz zu Herrn Schröder gar nicht so überrascht und antwortete ganz ruhig: „Was dir selbst widerwärtig ist, das tue auch deinem Nächsten nicht an. Das ist das ganze Gesetz, alles andere ist Auslegungssache!"

Das saß, Thomas nahm seinen Fuß langsam runter, setzte sich hin und war echt beeindruckt. Der Konfi-Unterricht konnte losgehen.

Gospels und Spirituals. (Lk 16,19 - 31 Vom reichen Mann und armen Lazarus)

„…das kann er doch nicht machen, er schlägt mich, wie einen Hund nur weil ich…"

„Er kann", die tiefe Stimme von Onkel Tom kam aus der hintersten Ecke der Hütte, „er kann Dich sogar dafür töten! Der Patron hat das Recht, manchmal sogar die Pflicht, dich zu schlagen, um die Ordnung zu erhalten. Die Weißen meinen die göttliche Ordnung wäre so, Gott habe gewollt, dass der Weiße über die anderen Rassen auf dieser Welt herrschen soll. Er hat aber vergessen, dass das gerecht geschehen soll. Er soll Gerechtigkeit üben gegen Jedermann."

„Mist, Unsinn, gar nichts hat Gott gesagt. Vor allem nicht so ein Unsinn," John saß Fingernägel kauend am Fenster. John war der einzige aus der Siedlung, der auf eine Schule ging. Seine Mutter hatte das vor ihrem Tod vor 5 Jahren mit viel Mühe durchgesetzt. Jetzt kam er nur am Wochenende zu den Großeltern in die Siedlung, während der Woche wohnte er in der Stadt in einem Haus mit anderen ausgewählten schwarzen Jugendlichen, die eine Schule besuchen durften. Auch das war bis vor zehn Jahren undenkbar, da hieß es noch. Schwarze sind geistig gar nicht in der Lage, etwas zu lernen. John's Stimme zitterte vor Wut:

„Mr. Field, auch ein Weißer, erzählt uns im Unterricht, dass Gott alle Menschen gleich geschaffen hat, und dass kein Mensch über einen anderen Menschen wirklich herrschen darf." John's Stimme überschlug sich fast und Tränen traten in seine Augen. Er konnte es einfach nicht mehr mit ansehen, dass seine Brüder hier geschlagen wurden, ausgepeitscht, wie Jesus nach seiner Verhaftung in Gethsemane.

Onkel Toms Stimme kam tief, ruhig und sanft wie immer aus seiner Ecke: „Vielleicht hat er Euch vom Paradies erzählt. Im Paradies stimmt das, im Neuen Jerusalem wird das so sein, dass es keine Unterschiede mehr gibt zwischen den Menschen, dass es keine Rassen mehr gibt, dass alle gleich sind. Da wird Gott die Sünder von den Gerechten trennen.

John, kennst Du die **Geschichte vom Armen Lazarus.**

19 Es war aber ein reicher Mann, der kleidete sich in Purpur und kostbares Leinen und lebte alle Tage herrlich und in Freuden .20 Es war aber ein Armer mit Namen Lazarus, der lag vor seiner Tür voll von Geschwüren 21 und begehrte, sich zu sättigen mit dem, was von des Reichen Tisch fiel; dazu kamen auch die Hunde und leckten seine Geschwüre. 22 Es begab sich aber, dass der Arme starb, und er wurde von den Engeln getragen in Abrahams Schoß. Der Reiche aber starb auch und wurde begraben. 23 Als er nun in der Hölle war, hob er seine Augen auf in seiner Qual und sah Abraham von ferne und Lazarus in seinem Schoß. 24 Und er rief: Vater Abraham, erbarme dich meiner und sende Lazarus, damit er die Spitze seines Fingers ins Wasser tauche und mir die Zunge kühle; denn ich leide Pein in diesen Flammen. 25 Abraham aber sprach: Gedenke, Sohn, dass du dein Gutes empfangen hast in deinem Leben, Lazarus dagegen hat Böses empfangen; nun wird er hier getröstet, und du wirst gepeinigt 26 Und überdies besteht zwischen uns und euch eine große Kluft, dass niemand, der von hier zu euch hinüber will, dorthin kommen kann und auch niemand von dort zu uns her-über. 27 Da sprach er: So bitte ich dich, Vater, dass du ihn sendest in meines Vaters Haus; 28 denn ich habe noch fünf Brüder, die soll er warnen, damit sie nicht auch kommen an diesen Ort der Qual. 29 Abraham sprach: Sie haben Mose und die Propheten; die sollen sie hören. 30 Er aber sprach: Nein, Vater Abraham, sondern wenn einer von den Toten zu ihnen ginge, so würden sie Buße tun. 31 Er sprach zu ihm: Hören sie Mose und die Propheten nicht, so werden sie sich auch nicht überzeugen lassen, wenn jemand von den Toten auferstünde.

„Sie haben Mose und die Propheten, aber sie hören nicht auf sie." Onkel Toms Stimme klang noch tiefer als sonst, „Wir müssen warten, bis Gott uns ruft und in sein Reich aufnimmt und in seine Gerechtigkeit."

„Nein!" schrie John, „nein, nein und nochmals nein! Ich will Gerechtigkeit im Leben und nicht erst im Jenseits. Das Paradies muss auf Erden sein, in den Himmel passt es nicht hinein. Wenn das Evangelium uns nicht zu einem gerechteren Leben verhilft, für was soll es dann gut sein, um uns zu vertrösten auf den St. Nimmerleinstag? 'Liebe deinen Nächsten, wie dich selbst!' Das muss doch für alle Menschen gelten..."

Noch einmal kam die ruhige Stimme von Onkel Tom aus der Tiefe des Raumes: „Ich hoffe, dass Du nicht allzu bald vor deinem Richter stehst, deine Wut und deine Ungeduld sind sehr gefährlich."

Eine knisternde Ruhe breitete sich in der Hütte aus, bis irgendwann ein leises Summen zu hören war. Es war nicht festzustellen, wer angefangen hatte, aber allmählich stimmten alle mit ein und über die verschiedenen Meinungen hinweg sangen sie immer lauter werdend ein altes Spiritual.

Von draußen hörte man den harmonischen Klang des mehrstimmigen Liedes und - nur wenn man die unterschiedlichen Stimmen genauer vernahm, konnte man das geduldige warten können vom stürmischen Fordern unterscheiden. Aber gemeinsam war ihnen die Hoffnung auf Veränderung, die Hoffnung aus der Gefangenschaft herauszukommen.

Herbert (Mt 18,12-14 Vom verlorenen Schaf)

Vor einiger Zeit erzählte ich meiner Konfi-Gruppe das Gleichnis vom Verlorenen Schaf.

Ich war eingestiegen über meinen Fahrradurlaub in der Bretagne, und dass mich dort eine Schafherde und ein Schafhirte mit einem richtigen Hirtenstab außerordentlich fasziniert hatte. Ich fragte dann im Anschluss daran, ob sie denn auch schon eine Schafherde gesehen hätten.

Die Gruppe schien mir an diesem Tag besonders unruhig, und nur zwei erzählten in knappen Sätzen, dass sie auch schon mal eine Schafherde gesehen hätten.
Ich war etwas enttäuscht darüber, dass meine Einstiegsidee anscheinend nicht so gut ankam. Trotz-dem erzählte ich die biblische Geschichte vom Verlorenen Schaf. Noch mehrmals musste ich die Gruppe zur Ordnung rufen und nachdrücklich um Aufmerksamkeit bitten.

„Hättet ihr das Schaf auch gesucht?", war meine Einstiegsfrage in das Auswertungsgespräch. „Jaaah." „Nein, inzwischen konnte den anderen 99 ja etwas passieren ..." So oder ähnlich waren die knappen Antworten, - mehr kam nicht...
Es wurde wieder unruhig, und ich überlegte krampfhaft, wie ich die Geschichte noch etwas würzen könnte.

„Vielleicht hat das Schaf ja allein sein wollen. Vielleicht ist ihm ja die blökende Herde auf die Nerven gegangen." Herbert, der die ganze Zeit ruhig in der Ecke gesessen hatte, sagte diese Sätze eher zu sich selbst, als zur Gruppe.

Wie das Wasser in einer Pfütze sich langsam wieder glättet, nachdem ein Stein hineingeworfen wurde, ebbte die Unruhe in der Gruppe ab. „Kannst du das bitte noch einmal sagen, Herbert? Ich glaube die anderen haben das nicht gehört." „Ja, ich meine, es könnte ja sein, dass das Schaf ja weg wollte, - eben abhauen, ich meine in so einer Herde, ...ich stelle mir das nicht unbedingt lustig vor. Nur vor mich hinkauern und warten, dass mir jemand das Fell abschneidet. Und dann die kläffenden Köter, wenn ich nur ein bisschen abseits bin ..."

Ich musste nicht mehr für Ruhe sorgen. Beate meldete sich: „Ja, aber so allein ..., da war das doch sehr gefährlich. So ein Schaf ist doch völlig hilflos allein ..., also ich stelle mir vor, dass ich mich in der Herde wesentlich sicherer fühle. Da ist jemand, der auf mich aufpasst ..."

„Ich bin viel lieber allein", sagte wiederum Herbert, „da kann ich machen, was ich will, ich muss nie-man fragen, niemand schreibt mir etwas vor. Abends, wenn es dunkel ist, hau' ich manchmal ab und gehe zum Friedhof. Da stört mich wenigstens niemand. Vorgestern hat mich mein Alter erwischt, da gab's Dresche, aber das macht mir nix aus. Bei der nächsten Gelegenheit bin ich wieder weg."

Ich schaute in die Runde: einige waren geradezu entsetzt, andere blickten interessiert bis fasziniert auf Herbert. Herbert hatte in den vergangenen Stunden zusammengenommen nicht so viel geredet, wie in den letzten fünf Minuten.
Mein Blick streifte die Uhr und ich sah, dass die Stunde um war. Es passiert nicht oft, dass ich die Jugendlichen darauf aufmerksam machen muss.

„Wir haben gesehen, dass man ein solches Gleichnis aus ganz verschiedenen Blickwinkeln betrachten kann. Wir steigen in der nächsten Stunde an dieser Stelle wieder ein …", versuchte ich einen Abschluss zu finden. Nach dem Abschlusslied und dem gemeinsamen Vater-Unser gingen die Mädchen und Jungen in Gruppen schwätzend und lachend aus dem Gemeindezentrum.

Als letzter ging Herbert - allein...

„...dann habe ich Pech gehabt." (Mk 12,31 Das andre ist dies: »Du sollst deinen Nächsten lieben wie dich selbst«)

„Eeh, Mann, - bist du verrückt? Das kannst du doch nicht machen!", ich hatte Klaus am Genick gepackt und ca. einen Meter zurückgezerrt. Gerald lag wimmernd am Boden und betastete mit seiner rechten Hand immer wieder ungläubig seine Unterlippe. Ich hatte bei Pausenaufsichten schon einige Schlägereien erlebt, aber so etwas war mir noch nicht untergekommen.

Vor einer Minute war ich, etwas lustlos auf meinem Käsebrot kauend, auf die beiden Jungen der 8E zugegangen. Beide sind bei mir im Deutschunterricht, und bis letztes Jahr hatte ich sie auch in Reli. An ihrem jeweiligen 14.Geburtstag hatten sie mir stolz ihr Austrittsschreiben aufs Pult gelegt. Sie waren nicht die größten Störenfriede, trugen aber auch kaum mal etwas zum Unterricht bei.

Vor einer Minute also sah ich, wie Gerald etwas zu Klaus sagte und dieser ohne zu zögern, ohne Vor-warnung ausholte und mit aller Kraft seine Faust mitten in das Gesicht von Gerald schlug. Jetzt stand er zitternd vor mir, beide Hände zur Faust verkrampft und seine Unterlippe bebte.

„Sag' mal..., bist du noch ganz klar?" Du kannst doch den Gerald nicht einfach ins Gesicht schlagen." - „Dann soll der mich nicht so dumm anmachen!" Selbst seine Stimme zitterte. „Was hat er denn zu dir gesagt?" „Ist doch egal!" - „Ist eben nicht egal!" - „Ist es doch!"

Langsam löste sich seine Verkrampfung, die Hände öffneten sich leicht, seine Stimme wurde fester. „Also gut ...", der Pausengong unterbrach unser Gespräch. Ich hatte Deutsch in der ... 8E.

Noch etwas nachdenklich stand ich jetzt vor der Klassentür. Ich atmete noch einmal tief durch und ging hinein.

Klaus und Gerald saßen nebeneinander auf ihren Plätzen. Gerald schaute immer noch etwas verwirrt und tastete sich gerade mal wieder die Unterlippe ab. Klaus starrte vor sich hin. „Es gibt keinen Grund, der es rechtfertigt, dass ich einem anderen meine Faust ins Gesicht schlage."

Es war auf einmal ganz mucksmäuschenstill in der Klasse. Alle schauten mich fragend an; von dem Vorfall in der Pause hatte anscheinend niemand etwas mitbekommen. Die Klasse hielt diesen Satz für meine Stundeneröffnung und war gespannt, wie es weiterging. Ich schaute sie fest an und sagte nichts weiter.

Die Gesichter wurden fragend, manche schauten sich gegenseitig an bis Klaus unerwartet, ohne Mel-dung, ohne seinen Blick zu verändern, vor sich hin sagte: „Wenn mir einer dumm kommt, schlag' ich ihm in die Fresse!"

Die anderen in der Klasse waren zum zweiten Male völlig überrascht, dass ausgerechnet Klaus die Stille unterbrochen hatte. Sie ahnten wohl, dass etwas vorgefallen war, ihre Spannung wuchs.

„Wie rechtfertigst du das, Klaus?" fragte ich scharf. Klaus schaute auf, seine Augen blitzten, und er wurde aggressiv: „Rechtfertigen, rechtfertigen, ich brauch' das nicht zu rechtfertigen, wenn mich einer dumm anmacht und ich bin stärker, dann schlag' ich zu. So einfach ist das!"

„So -", auch meine Stimme wurde schneidender. Die Köpfe der anderen in der Klasse bewegten sich hin und her, wie bei einem Tennismatch. - „So, einfach ist das also. - Und wenn jemand, der stärker ist, das gleiche mit dir macht ... und dann?"
„Und dann, und dann ...", kam die spontane Antwort, „...dann habe ich Pech gehabt..."

„Wie denken die anderen darüber ...?" Mein ‚pädagogischer Trick', den Ball aus dem Zweier-Matsch in die Klasse zu geben, war zu offen-sichtlich als Trick erkennbar. Die Spannung in der Klasse sank rapide ab, und es kamen nur vereinzelt müde Antworten, die keine echte Auseinandersetzung mehr waren.

Auch ich hatte mich mit einem schlechten Trick herausgestohlen. Im Bild des Tennismatches: Es fiel mir kein geeigneter Rückschlag mehr ein. Das System von Klaus war geschlossen: Der Stärkere setzt sich durch, wenn nötig schlägt er eben zu! Wenn ich es bin, ist es gut; wenn es ein anderer ist, muss ich es akzeptieren.

Was kann ich dem entgegensetzen: Liebe deinen Nächsten, wie dich selbst ..., stammt aus einem anderen Spiel, - passt nicht in das System von Klaus, genauso: Was du nicht willst, das man dir tu, das füg' auch keinem anderen zu. Also was tun?

Wenn ich das gewusst hätte (Lk 10,25-37 Der Barmherzige Samariter)

Ich habe es satt... Ich habe es endgültig satt. Seit 2000 Jahren geistere ich durch die Weltgeschichte als der Barmherzige. Könnt Ihr Euch das vorstellen, was das heißt? - He? - Ich glaube nicht, dass Ihr das könnt. Ich kann nicht auf die Straße gehen wie ein normaler Mensch - Nein, das geht nicht. Sobald mich jemand erkennt muss ich helfen - das glaubt Ihr nicht? - wenn ich's Euch sage. „Du bist doch der Barmherzige Samariter, kannst du mir gerade mal helfen..."

Und ich: „Aber selbstverständlich, was kann ich für dich tun." Immer wieder - immer das gleiche... Ich hab's satt.

Gut, ja, ich habe dem Menschen geholfen damals, - aber ich habe ja nicht gewusst was das alles nach sich zieht. Ich konnte ja nicht ahnen, dass dieser Lukas das aufschreiben würde, auch noch in dem berühmtesten Buch der Weltgeschichte - ehrlich: ich hatte keine Ahnung.

Wenn ich das alles gewusst hätte, dann hätte ich bestimmt nicht..., na ja doch natürlich hätte ich geholfen, das hättet Ihr alle getan. Der Mann lag da am Rande der Straße blutend und stöhnte so übel - also - ich musste ihm einfach helfen, das war doch selbstverständlich. Ja und als ich ihn mitnahm hat sich dann eins zum andern ergeben. Ich musste dem Wirt das Geld geben, wo hätte der Mann sich denn sonst erholen können? Ihr hättet ganz genauso gehandelt. Jeder hätte das...

Stellt's Euch doch mal vor. Ihr fahrt heut mit Euren Autos über Land und da liegt einer. Ihr haltet doch auch an, oder? - Okay, Ihr telefoniert dann nach Hilfe und bezahlen tut das die Krankenkasse, das ist ja bei Euch alles geregelt.

Habt Ihr nicht sogar eine dieser Hilfsorganisationen nach mir benannt. Ich kann's nicht mehr hören. es gab in der Geschichte bestimmt Tausende, die mehr geholfen haben als ich. Ich hab's satt.

Könnt Ihr Euch nicht vorstellen, dass ich mal ganz anders drauf bin, dass ich mal gerade überhaupt keine Lust habe irgendjemandem zu helfen? „Mach deinen Kram allein!", „Such dir ‚nen anderen Depp!" „Nein ich hab keine Macke, und schon gar nicht für dich du Penner...!"

Könnt Ihr Euch das nicht vorstellen. Wisst Ihr was dann passiert? Die Leute sind zunächst völlig überrascht und dann werden sie total sauer und machen mich an: „Aber du bist doch der Barmherzige Samariter, du musst doch helfen - also das gibt's doch nicht, allen hilft er aber ausgerechnet bei mir weigert er sich zu helfen, das ist ja wohl eine bodenlose Frechheit. Komm Otto das lassen wir uns nicht gefallen." - oder so ähnlich.

Kann ja sein, dass das nicht fair ist von mir, es kann auch sein, dass das nicht richtig ist, kann ja wirklich sein, aber seit 2000 Jahren helfe ich, - manchmal kann ich einfach nicht mehr...

Viele Teamer- ein Team (nach 1.Kor 12,12 – 31 Ein Leib – viele Glieder)

12 Denn wie das Team eins ist und doch viele Teamer hat, alle Teamer des Teams aber, obwohl sie viele sind, doch ein Team sind: so auch Christus.

13 Denn wir sind durch einen Geist alle zu einem Team getauft, wir seien Mädchen oder Buben, Verklemmte oder Freie, und sind alle mit einem Geist getränkt.

14 Denn auch das Team ist nicht ein Teamer, sondern viele.

15 Wenn aber der Fuß spräche: Ich bin keine Hand, darum bin ich nicht Teamer des Teams, sollte er deshalb nicht Teamer des Teams sein?

16 Und wenn das Ohr spräche: Ich bin kein Auge, darum bin ich nicht Teamer des Teams, sollte es deshalb nicht Teamer des Teams sein?

17 Wenn das ganze Team Auge wäre, wo bliebe das Gehör? Wenn es ganz Gehör wäre, wo bliebe der Geruch?

18 Nun aber hat Gott die Teamer eingesetzt, einen jeden von ihnen im Team, so wie er gewollt hat.

19 Wenn aber alle Teamer wie ein Teamer wären, wo bliebe das Team?

20 Nun aber sind es viele Teamer, aber der Leib ist eins.

21 Das Auge kann nicht sagen zu der Hand: Ich brauche dich nicht; oder auch das Haupt zu den Füßen: Ich brauche euch nicht.

22 Vielmehr sind die Teamer des Teams, die uns die schwächsten zu sein scheinen, die nötigsten;

23 und die uns am wenigsten ehrbar zu sein scheinen, die umkleiden wir mit besonderer Ehre; und bei den unanständigen achten wir besonders auf An-stand;

24 denn die anständigen brauchen's nicht. Aber Gott hat das Team zusammengefügt und dem geringeren Teamer höhere Ehre gegeben,

25 damit im Team keine Spaltung sei, sondern die Teamer in gleicher Weise füreinander sorgen.

26 Und wenn ein Teamer leidet, so leiden alle Teamer mit, und wenn ein Teamer geehrt wird, so freuen sich alle Teamer mit.

27 Ihr aber seid das Team des Stadtjugendpfarramtes und jeder von euch ein Teamer.

28 Und Gott hat in der Gemeinde eingesetzt erstens Apostel, zweitens Propheten, drittens Lehrer, dann Wundertäter, dann Gaben, gesund zu machen, zu helfen, zu leiten und mancherlei Zungenrede.

29 Sind alle Apostel? Sind alle Propheten? Sind alle Lehrer? Sind alle Wundertäter?

30 Haben alle die Gabe, gesund zu machen? Reden alle in Zungen? Können alle auslegen?

31 Strebt aber nach den größeren Gaben! Und ich will euch einen noch besseren Weg zeigen.

Zwillinge (Offenbarung 21 Ein neuer Himmel, eine neue Erde)

Hans spürte immer, wenn es seiner Schwester nicht gut ging. „Was ist denn los Schwesterchen? Was hast du?" „Ich weiß auch nicht.", antwortete Lotte „Alles läuft super. Das Abitur ist praktisch gelaufen. Nur noch die Reli-Mündliche. Ein Klacks. Alles gut. -Aber trotzdem. Jetzt wird alles anders. Wir sind solange ich denken kann zusammen. Jetzt gehst du nach Darmstadt und ich geh nach Marburg. Ich weiß auch nicht…"

Lotte und Hans saßen am Frühstückstisch. Lotte knabberte an ihrem Toast, ein Fuß auf dem Stuhl und schaute an ihrem Bruder vorbei in eine imaginäre Ferne. „Ach Lotte, wir werden immer zusammen sein, egal wo wir sind. Wir sind so miteinander verbunden, dass die paar Kilometer uns nichts ausmachen werden. Wir waren immer zusammen und werden es immer bleiben. Weißt du noch…" „Ja schon", unterbrach Lotte, „aber alles ändert sich. Warum kann es nicht einfach so bleiben, wie es ist?" „Weil das nicht geht, Träumerin. Du warst schon immer so." „So, wie?" „Ja, so, ich weiß auch nicht, so irrational. Weshalb? Warum? Wieso?" „Aber darum geht's doch auch."

Lotte warf ihren angeknabberten Toast auf den Teller und stand abrupt auf. „Bei dir geht's immer nur um Alles klar! Alles Easy! Läuft schon! Alles gut! –Willst du auch einen Orangensaft?" Lotte hatte den Kühlschrank aufgemacht und ihre Augen suchten den frischen Fruchtsaft. „Mmmh", Hans fing an einzuschwenken in die gleiche imaginäre Weite seiner Schwester, „Danke." Lotte hatte ihm ein Glas hingestellt und mit dem frischen Saft gefüllt. „Es kann nicht bleiben, wie es ist. Das war doch schon immer so, solange ich denken kann."

Lotte setzte sich wieder ihrem Bruder gegenüber. „Stimmt", sagte sie, „und sogar schon länger als du, als wir, denken können. Wir waren ja schon im Bauch von Mama zusammen." „Ja, und ich habe dich vorgelassen: Bitte nach Ihnen, schönes Fräulein." „Von wegen. Du warst zu feige: Geh du mal vor. Keine Ahnung, was da kommt. Wenn es okay ist, rufst du mich." „Ja, ja… du mal wieder. Aber es würde mich wirklich interessieren, was wir da im Bauch von Mama gedacht haben. Da so neun Monate unter Wasser mit unseren Kiemen. Irgendwie unvorstellbar."

Machen wir den Versuch. Stellen wir es uns vor. Lotte und Hans sind noch nicht Lotte und Hans, sondern einfach nur Zwillinge. Zwei Samenfädchen, die durch eine Laune der Natur, nach Gottes unerforschlichem Willen oder was weiß ich, wieso genau gleichzeitig zu zwei Eizellen gelangt sind und jetzt beide wachsen. Vereint von Anfang an. Irgendwann, so stellen wir uns vor erwacht ihr Bewusstsein.

Sie: „Hallo, ich bin.
Aber - was bin ich?
Wer bin ich?
Wo bin ich?
Es ist dunkel.
Es fühlt sich gut an.
Ich bin sicher.
Es ist gut! -
Oh, da ist noch jemand.
Hallo! Kannst du mich hören."
Er: „Klar kann ich dich hören, du bist ja laut genug.
Wo bin ich hier?
Was mach ich hier?"

Sie: „Weiß ich auch nicht.
Aber schön ist es.
Irgendwie fühle ich: Ich habe alles, was ich brauche."
Er: „Ja, ich auch."

Die Zwillinge sind durch die Nabelschnur mit der Mutter verbunden, alles läuft, wie es laufen soll. Keine Probleme in der Schwangerschaft. Die Mutter Natur oder Gott oder was weiß ich wer, hat es gut eingerichtet und es ist gut. Die Zwillinge wachsen und merken, der Raum um sie reicht schon bald nicht mehr aus.

Er: „Merkst du was?"
Sie: „Was denn merken?"
Er: „Es wird immer enger."
Sie: „Stimmt. Ist mir auch schon aufgefallen."
Er: „Ja und?"
Sie: „Was, ja und?"
Er: „Ja, macht dir das keine Angst."
Sie: „Ja schon, aber Mutter wird schon wissen, was dann geschieht."
Er: „Mutter? Auch so eine Vorstellung von dir. Mutter. Das was uns umgibt, nennst du Mutter. Was ist eigentlich eine Mutter. Gibt es die überhaupt oder ist das eine Erfindung, um uns hier drin zu beruhigen. Hat schon irgendwer mal eine Mutter gesehen?"
Sie: „Ach Bub, du immer mit deinen Zweifeln. Ich weiß auch nicht was, aber ich weiß dass sie ist."
Er (resigniert): „Oh, Mann, Mädel! – Mach dich nicht so breit. Merkst du denn nicht, dass der Platz bald nicht mehr reicht. Wir wachsen ständig. Wenn das so weiter geht, wird schon sehr bald alles vorbei sein."

Sie: „Stimmt. So kann es nicht weiter gehen. Da muss etwas anderes kommen. Es muss etwas passieren...

Er: „Was soll denn passieren? Wenn wir hier nicht mehr leben können dann ist Ende, Aus, Finito!"

Sie: „Machst du Witze? Das kann doch nicht alles gewesen sein, da muss doch noch irgendwas kommen. Nein. Da muss doch noch Leben ins Leben?"

Er: Hä?

Sie: „Das hab' ich mal irgendwo gehört."

Er: „Das hast du mal irgendwo gehört? Klar!"

Sie: „Egal wie, aber da muss doch noch wirklich irgendetwas sein. Der ganze Aufwand? Unsere ganze Entwicklung? Alles nur für die kurze Zeit?"

Er: „Ja, aber was? Wie soll das denn gehen. Hier ist die Versorgungsschnur. Hier werden wir ernährt. Wenn wir hier wirklich rauskämen. Ich sage nur: WENN, dann wär doch die Schnur viel zu kurz und ohne die Schur? Wie sollten wir dann leben."

Sie: „Ja ich weiß es auch nicht, das weiß nur Mutter allein."

Er: „Jetzt fang nicht wieder damit an, das schlaucht..."

Sie: „Aber sag doch mal ehrlich. Glaubst du wirklich, das war alles. Alles vorbei. Ich kann das nicht glauben. Ich glaube es gibt ein Leben nach der Geburt. Auch ich habe Angst. Aber ich weiß, da kommt noch was."

Er: „So ein Quatsch. Ein Leben nach der Geburt. - Wie soll das denn aussehen!"

Und während die beiden noch kräftig streiten kommt die Geburt. Und alles, was sie sich in ihren verrücktesten Träumen ausgemalt haben, hat nicht im Geringsten mit dem zu tun, was sie nun wirklich erleben. - Lotte und Hans sitzen noch immer am Frühstückstisch.

„Mein Gott, es ist schon zwanzig vor Acht. Wir müssen los in die Schule." Hans springt auf, schnappt seine Mappe. „Auf Schwesterchen, ausgeträumt, wir müssen los." Lotte steht langsam auf. „Ich hatte eben ein totales Déjà-vu, so als hättest du ganz genau das gleiche, dieses Auf Schwesterchen, ausgeträumt, wir müssen los, schon einmal zu mir gesagt. Irgendwie vor ganz, ganz langer Zeit. „Also gut. Auf. Raus mit uns!"

Printed by Books on Demand GmbH, Norderstedt / Germany